D1692669

R. Dikenmann

Souvenir de Suisse

R. Dikenmann

SOUVENIR DE SUISSE

AT Verlag Aarau · Stuttgart

Die 24 handkolorierten Stiche entstammen dem Werk «Dikenmann – Souvenir de Suisse». Es erschien um 1850 im Eigenverlag des Künstlers am Rindermarkt in Zürich. Der Verlag dankt der Firma Rapp-Kunst-Auktionen AG in Wil, die das kostbare Buch leihweise für die Reproduktion zur Verfügung stellte.

Les 24 gravures coloriées à la main proviennent de l'ouvrage intitulé «Dikenmann – Souvenir de Suisse». Cet ouvrage a paru dans l'édition propre de l'artiste au Rindermarkt de Zurich.
L'édition tient à remercier la société Rapp-Kunst-Auktionen AG à Wil qui a mis ce précieux livre à disposition en prêt pour la reproduction des gravures.

The 24 hand-coloured engravings come from the work entitled: "Dikenmann – Souvenir de Suisse». It was published in 1850 by the artist's own publishing house at the Rindermarkt in Zurich. The publisher thanks the firm of Rapp Art Auctions Ltd. in Wil, which has made this valuable book available on loan for reproduction.

© 1984
AT Verlag Aarau (Schweiz)

Gestaltung: AT Grafik, Aarau
Dia-Reproduktion: Atelier Lightning, Kölliken
Gesamtherstellung: Grafische Betriebe
Aargauer Tagblatt AG, Aarau
Printed in Switzerland

ISBN 3-85502-197-X

Der Kunstverlag «R. Dikenmann, Peintre» und sein Werk

Von den schweizerischen Kupferstichverlagen des 19. Jahrhunderts gehört jener der Familie Dikenmann in Zürich zu den bedeutendsten, besonders wenn man die Zahl der von ihm produzierten Blätter berücksichtigt. Die «Dikenmännchen» waren zu ihrer Zeit und sind heute noch unter den Liebhabern der topographischen Druckgraphik ein Begriff. In bezug auf Originalität und künstlerische Qualität ist im damaligen Zürich auf dem Gebiet der Vedutenstecherei zwar auch Anspruchsvolleres geschaffen worden, so von der Trachslerschen Buch- und Kunsthandlung, von H. F. Leuthold oder Heinrich Füssli & Co. Aber Dikenmanns Œuvre hat durch seine Masse die bildhafte Vorstellung der Schweiz unmittelbar vor dem Siegeszug der Photographie wesentlich mitgeprägt.

Rudolf Dikenmann (1793–1883)*, aus Uesslingen im Kanton Thurgau stammend und seit 1801 in Zürich ansässig, erlernte den Beruf eines Koloristen, Stechers und Verlegers bei Orell Füssli & Co. in Zürich und bei Birmann & Huber in Basel. 1820 gründete er als Zuzüger im Niederdorf einen eigenen Kunstverlag, der sich dank seinem Einsatz sowie der Leistung seines mitarbeitenden jüngeren Bruders *Johannes* (1805–1866) schnell entwickelte. 1833 war der Firmengründer in der Lage, das Haus «zur Tanne» an der Frankengasse 23 (ehemals Neustadt 148) zu kaufen und 1852, mit seinem Bruder zusammen, zusätzlich das wesentlich grössere Haus «zum Palmbaum» am Rindermarkt 14 (alte Nr. 353), das dann bis zum Tod des letzten Namensträgers im Jahr 1972 Sitz des Verlages bleiben sollte. Der Palmbaum befindet sich direkt gegenüber dem Elternhaus von Gottfried Keller und bot mit seinen vielen hellen Räumen eine ideale Voraussetzung für einen Kupferstichverlag mit weitgehender Eigenproduktion. Ende 1852 wurde Rudolf Dikenmann mit seiner zweiten Frau und seinen sechs Kindern ins Bürgerrecht der Stadt und ins Landrecht des Kantons Zürich aufgenommen. Vier der Kinder verschrieben ihre Existenz ganz dem Unternehmen.

Johann Caspar (1823–1861), das von allen begabteste, war leider als Folge einer frühen Krankheit an der Nutzung seines Talentes verhindert.

Johann Rudolf (1832–1888) wurde zur tragenden Gestalt des Betriebes, die beiden Töchter *Anna* (geb. 1819) und *Louise* (geb. 1840) wirkten als anonyme, aber virtuose und unermüdliche Koloristinnen. Von J. R. Dikenmanns Hand kennt man Hunderte von gross angelegten und sehr exakten Bleistiftzeichnungen. Er nahm sie auf seinen jährlichen Reisen durch die Schweiz auf, um danach die so begehrten druckgraphischen Ansichten zu verfertigen. Für den Bahn- und Hotelbau sowie die von den Fremden bevorzugten Gegenden der Schweiz sind sie heute von grossem Wert.

Nach dem Tod des ungemein aktiven Verlagsleiters führte dessen Witwe *Wilhelmine, geb. Stehli* (1853–1920) die Firma bis zur Volljährigkeit ihres Sohnes Rudolf F. Dikenmann (1884–1972) weiter, ohne dem Sortiment neue Werke hinzuzufügen. Der Aquatintastich war denn auch bereits antiquiert; er wurde abgelöst von der Photographie, an der die Reisenden, deren Sinn auf das Zeitgemässe ausgerichtet war, mehr Gefallen fanden. *Rudolf F. Dikenmann* (1884–1972) führte die Firma dem Namen nach zusammen mit seiner Schwester Wilhelmine (1887–1973) von 1904 bis in sein hohes Alter weiter. Er studierte Philosophie und doktorierte über Kant, lebte fortan als zurückgezogener Partikular im Palmbaum und liess hin und wieder die alten Platten nachdrucken, um die noch bescheidene Nachfrage zu befriedigen. Im November 1965 gab er den Restbestand an Drucken sowie alle noch vorhandenen Platten samt dem Instrumentarium der Stecherei ans Schweizerische Landesmuseum, das damit in den Besitz eines ausgestorbenen Handwerks

---

* Er schrieb sich selbst stets mit *k*, aber erst seit seiner Einbürgerung in Zürich, 1852, wandelt sich der Name auch offiziell von Di*c*kenmann zu Di*k*enmann.

gelangte. Die Drucke stehen seither der Öffentlichkeit in der Graphischen Sammlung des Landesmuseums zur Verfügung.

Das Programm des Dikenmann-Verlags erstreckte sich zur Hauptsache auf Ansichten von Schweizer Städten und Kurorten sowie auf all jene Stätten, die von den Reisenden gern aufgesucht wurden: Wasserfälle, bekannte Berge, Bäder, Hotels und Bergbahnen. Von den ursprünglich rund 800 Platten sind noch 400 verfügbar. Die Stiche erschienen in drei verschiedenen Formaten: «grand» (19 x 38 cm), «folio» (13 x 19 cm) und «petit» (7,5 x 11,3 cm). Alle in diesem Bildband reproduzierten betreffen das mittlere Folioformat. Daneben gab es Panoramen und Kostümblätter. Gängige Ansichten wurden auch auf Visitenkarten und Briefpapier abgezogen sowie in Alben und Leporelli zusammengefasst. Die Ausführung wechselte nach den Ansprüchen und dem Vermögen der Kundschaft. Die teuerste Version war handkoloriert, wobei als Spezialität die Vordergründe mit transparentem Gummi arabicum überzogen wurden, um die plastische Wirkung zu steigern. Man kann diese Stiche ohne weiteres als Vorstufe zur Photographie bezeichnen, denn massgebend war bei ihnen die Naturtreue und die bauliche Aktualität. Neu errichtete Hotels, Bahnen und Strassenzüge wurden jeweils auf den Platten nachgeführt, veraltete Platten ausrangiert und durch neue ersetzt. So gibt es von den meisten Ansichten mehrere Zustände, von stark gewachsenen Orten bis zu fünf; daneben existieren bis zu drei Platten, an denen sich der Wandel des druckgraphischen Stils von 1820 bis 1870 ablesen lässt. Es handelt sich durchwegs um Aquatintaradierungen, ausgeführt nach einem komplizierten Tiefdruckverfahren, das die Wiedergabe mehrerer Tonwerte gestattete. Die älteren Platten, bis etwa 1850, bestehen aus Kupfer, die neueren aus verstähltem Eisen; die meisten sind noch durchaus druckfähig.

Vom verfügbaren Sortiment wurden fast jährlich Kataloge mit Preisangaben gedruckt und an die Kundschaft verschickt: Hoteliers, Reiseagenturen, Buch- und Kunsthandlungen. Der letzte Katalog von 1887 verzeichnet im wesentlichen 70 Ansichten im «grand format», 134 im Folioformat, 280 im «petit format», ferner 13 Panoramen und 87 Alben von verschiedener Zusammensetzung. Einer Buchführung über die Produktion aus den achtziger Jahren entnimmt man die Auflagen und kann danach die Einnahmen berechnen. So wurden etwa vom Stich Uto-Kulm 1885 gedruckt: im Folioformat 351 schwarze Drucke (à Fr. 1.–) und 31 kolorierte (4.–), im «petit format» 200 schwarze (0.30) und 100 kolorierte (1.50), ferner 100 auf Briefpapier für das Hotel Uto-Kulm (0.25). Eines der bekanntesten Hotels jener Zeit, das Bad Stachelberg im Kanton Glarus, setzte pro Jahr bis zu 800 Briefbögen ab. Im Hinblick auf das ganze Sortiment ergaben sich beachtliche Auflagezahlen und entsprechende Einnahmen. 1885 wurden im «petit format» insgesamt 13 500 Drucke angefertigt (davon 2360 koloriert), was Fr. 10 530.– erbrachte. Die gesamten Jahreseinnahmen beliefen sich in jenem Jahr auf ca. Fr. 30 000.–, für ein kleines Familienunternehmen eine respektable Summe. Hauptsorge war die Konkurrenz durch die stark aufkommende Photographie. Dies veranlasste J. R. Dikenmann, 1879 auch photographische Landschaftsaufnahmen in das Sortiment aufzunehmen. Es ist die Geburtsstunde der heute noch üblichen Postkarte. Schon die Stiche hatte Dikenmann in der Form von Postkarten abgesetzt, nunmehr ging er selbst zur Photographie über. Sein 1888 erfolgter Tod unterbrach diese Entwicklung. Es wurde fortan nichts Neues mehr in Angriff genommen, man zehrte vom Bestehenden und veranlasste lediglich noch Neuabzüge weiterhin begehrter Veduten.

Dem Umstand, dass sich der Verlag in bezug auf sein Inventar fast vollständig erhalten hat, ist das hier von ihm gegebene Bild zu verdanken. Neben den Waren sind auch die Instrumente der Kupferstecher, u. a. auch die Staffelei der Koloristinnen erhalten. Sogar die Lagerkästen mit dem Vorrat an Drucken sind noch da.

Wie bei vergleichbaren Unternehmen oblagen die Dikenmann auch dem Handel mit verlagsfremder Druckgraphik. Längst nicht alle mit ihrer Adresse versehenen Drucke sind von ihren eigenen Platten abgezogen. Die grossen Formate hatte der ältere Dikenmann von Gabriel Lory Sohn übernommen, die Trachten von Franz Hegi. Mehrere Kupferstecher durchliefen das Atelier als Lehrlinge und Mitarbeiter, und sie waren auch nach ihrem Austritt teilweise noch für den Verlag tätig, so vor allem *Heinrich Siegfried* (1814—1889), dessen «Sculpsit» sich auf sehr vielen Platten findet, ferner die Stecher Johann Hürlimann, Johannes Ruff, Lukas Weber und Heinrich Zollinger. Das Arbeitsgebiet war für alle die Kleinvedute der vom Tourismus erfassten Örtlichkeiten, vornehmlich in der Zentralschweiz und im Kanton Graubünden.

Um dem allgemeinen Geschmack zu entsprechen, fielen die Stiche etwas kleinlich und fast naiv aus; der künstlerische Schwung und die Individualität der Auffassung gehen ihnen weitgehend ab, man vermisst das Ideale und Heroische der Landschaft. Die Dikenmannsche Produktion richtete sich nicht nach künstlerischen Gesichtspunkten, sie entsprach dem ephemeren Bedürfnis der Durchschnittskonsumenten, die sich ein Abbild der von ihnen besuchten Örtlichkeiten, so wie sie sie selbst gesehen und erlebt hatten, zur Erinnerung mit nach Hause nehmen wollten; keine Kunstwerke also, die zu bezahlen ihnen schwerlich möglich gewesen wäre.

Unter den vergleichbaren Kunstverlagen der Zeit hat sich der Dikenmann-Verlag am längsten an die alten handwerklichen Methoden gehalten. Seine Produkte markieren die allerletzte Stufe der Kupferstecherei. Der Schritt von ihr zur Photographie war nur noch ein kleiner, sein Vollzug bedingte auch den Untergang des Unternehmens in seiner hergebrachten Form. Dass es sich bei den Dikenmannstichen um letzte Ausläufer einer jahrhundertealten kunsthandwerklichen Tradition handelt, mag mit ein Grund dafür sein, wieso sie sich heute so grosser Beliebtheit erfreuen und auch ansehnlich bezahlt werden. In den kolorierten Exemplaren, wo die Kleinteiligkeit und das Biedere der Gestaltung etwas gemildert erscheint, tritt uns das 19. Jahrhundert genau so entgegen, wie es die Zeitgenossen zu sehen und zu erleben gewohnt waren, es sind für uns historische Dokumente mit nostalgischem Unterton.

Die vorliegende Auswahl ist aus den älteren Blättern im anspruchsvollen Folioformat genommen; sie vermittelt einen guten Querschnitt durch die Produktion des Verlags in seiner besten Phase kurz nach 1850.

Lucas Wüthrich

L'édition d'art «R. Dikenmann, Peintre» et son œuvre

La maison d'édition de la famille Dikenmann de Zurich compte parmi les plus importantes entreprises d'édition d'estampes suisses du 19e siècle, surtout si on considère le nombre de feuilles qu'elle a produites. A leur époque et encore aujourd'hui, les gravures en taille-douce «Dikenmann» sont une notion bien établie chez les amateurs et collectionneurs d'œuvres graphiques topographiques. En ce qui concerne l'originalité et la qualité artistique, on doit avouer que dans le Zurich de l'époque, on avait créé dans le domaine de la taille des estampes de paysages également des œuvres plus exigeantes, par exemple par les soins de la librairie et commerce d'art Trachsler, ou par H. F. Leuthold ou Heinrich Füssli & Cie. Mais par son extension, l'œuvre de Dikenmann a participé établir la représentation imagée de la Suisse peu avant l'apparition en triomphe de la photographie.

Rudolf Dikenmann (1793–1883)*, originaire d'Uesslingen dans le canton de Thurgovie et établi depuis 1801 à Zurich, avait appris le métier de colorieur, de graveur et d'éditeur chez Orell Füssli & Cie à Zurich et chez Birmann & Huber à Bâle. A titre de nouvel arrivé dans le Niederdorf de Zurich, il fondait en 1820 sa propre édition d'art. Grâce à son engagement personnel ainsi qu'aux performances de son frère cadet *Johannes* (1805–1866), son collaborateur, l'entreprise put se développer rapidement. En 1833, le fondateur de l'entreprise était en mesure d'acquérir la maison «Zur Tanne» à la Frankengasse 23 (autrefois Neustadt 148) et en 1852, en commun avec son frère, la maison considérablement plus grande «Zum Palmbaum» au Rindermarkt 14 (ancien No 353) qui, jusqu'au décès du dernier descendant de ce nom en 1972, devait rester le siège de cette maison d'édition. La maison «Zum Palmbaum» se trouve directement en face de la maison paternelle de Gottfried Keller et, par ses nombreuses chambres claires, elle offrait des conditions idéales pour une entreprise d'édition de gravure assurant elle-même la majeure partie de sa production. A la fin de l'année 1852, Rudolf Dikenmann, sa seconde femme et ses six enfants devenaient bourgeois de la ville et entraient ainsi dans la jouissance des droits de patrie du canton de Zurich. Quatre des enfants consacrèrent entièrement leur existence à l'entreprise. *Johann Caspar* (1823–1861), le plus doué de tous, fut malheureusement empêché de déployer son talent par suite d'une maladie survenue dans sa jeunesse. *Johann Rudolf* (1832–1888) devint la personne d'influence de l'entreprise, tandis que les deux filles *Anna* (née en 1819) et *Louise* (née en 1840) furent actives dans l'anonymat comme infatigables colorieuses de grande virtuosité. On connaît des centaines de dessins au crayon de grande envergure et de haute précision provenant de la main de J. R. Dikenmann. Il les élaborait lors de ses voyages annuels au travers de la Suisse pour en produire par la suite les gravures de paysages tant recherchées. De nos jours, elles sont de grande valeur pour la construction de lignes de chemins de fer et d'hôtels des régions préférées par les touristes étrangers.

Après le décès du dirigeant d'une activité peu commune de la maison d'édition, sa veuve, *Wilhelmine, née Stehli* (1853–1920), prit en main les affaires jusqu'à la majorité de son fils Rudolf F. Dikenmann (1884–1972), sans ajouter de nouvelles œuvres à l'assortiment. La gravure à l'aquatinte était du reste déjà passée de mode. Elle devait être remplacée par la photographie. Celle-ci trouvait la préférence des voyageurs à l'esprit orienté vers les courants de la pensée contemporaine. Avec sa sœur Wilhelmine (1887–1973), *Rudolf F. Dikenmann* (1884–1972) conduisit l'entreprise, en y prêtant surtout son nom, de 1904 jusqu'à un âge très avancé. Il étudia la philosophie et fit une dissertation de doctorat consacrée Kant. Depuis lors, il vécut en

---
* Personnellement, il écrivait son nom constamment avec *k*, mais ce n'est qu'à la suite de sa naturalisation dans la ville de Zurich en 1852 que le nom s'est officiellement transformé de Di*ck*enmann en Di*k*enmann.

particulier retiré dans sa maison «Zum Palmbaum» en laissant de temps à autre réimprimer de vieilles plaques gravées pour répondre à une modeste demande. En novembre 1965, il fit don du stock restant de ses gravures ainsi que des plaques encore existantes avec tout l'outillage de gravure au Musée national suisse qui devenait ainsi le propriétaire d'une profession éteinte. Depuis lors, ces gravures sont accessibles au public dans la Collection graphique du Musée national.

Le programme de l'édition Dikenmann comprenait essentiellement des vues de villes et de lieux de villégiature suisses, ainsi que des endroits que les voyageurs recherchaient volontiers: des cascades, des montagnes connues, des hôtels et des chemins de fer de montagne. Des 800 plaques gravées qu'il y avait à l'origine, environ 400 sont encore disponibles. Ces gravures étaient éditées en trois formats différents: le «grand format» (19 x 38 cm), le «folio» (13 x 19 cm) et le «petit format» (7,5 x 11,3 cm). Toutes les gravures reproduites dans cet ouvrage d'images proviennent du format «folio» moyen. La collection contient en outre des panoramas et des feuilles de costumes. Des vues à grand tirage furent également imprimées sur des cartes personnelles et sur du papier à lettre ou regroupées dans des albums ou des collections léporello. Les exécutions variaient au gré des exigences et des moyens des clients. La version la plus coûteuse était coloriée à la main. A titre de spécialité, les premiers-plans étaient revêtus de gomme arabique transparente pour accroître l'effet plastique. On peut certainement prétendre que ces gravures sont les précurseurs de la photographie, car la fidélité de la représentation naturelle et de l'actualité constructive s'y trouvaient au premier plan. Les hôtels nouvellement érigés, les lignes de chemins de fer et les routes récemment construites étaient chaque fois introduits sur les plaques gravées mises à jour. Les plaques gravées désuètes étaient écartées et remplacées par de nouvelles plaques.

C'est ainsi qu'il existe plusieurs états de la plupart des vues, jusqu'à cinq versions de localités qui se sont rapidement agrandies. On trouve en outre jusqu'à trois gravures du même motif qui permettent de constater l'évolution du style graphique entre 1820 et 1870. Il s'agit dans chaque cas de gravure à l'aquatinte reproduites par un processus hélio compliqué qui permettait d'élaborer différentes valeurs de gradation. Les plaques les plus anciennes, c'est-à-dire jusqu'à environ 1850, sont en cuivre, tandis que les plus récentes sont en fer aciéré. La plupart de ces plaques peuvent encore servir aujourd'hui à exécuter des tirages.

Presque chaque année, l'assortiment disponible était présenté dans des catalogues imprimés contenant l'indication des prix et envoyés à la clientèle: des hôteliers, des agences de voyage, des librairies et des commerces d'art. Le dernier catalogue datant de 1887 contient pour l'essentiel 70 vues du «grand format», 134 en format «folio» et 280 en «petit format», en outre 13 panoramas et 87 albums de différentes compositions. Une comptabilité de la production des années 80 permet de prendre connaissance des tirages, ce qui permet de calculer les recettes de l'entreprise. C'est ainsi par exemple qu'en 1885, on a imprimé comme suit la gravure de l'Uto-Kulm: en format «folio» 351 exemplaires en noir (à Fr. 1.–) et 31 exemplaires coloriés (4.–), en «petit format» 200 exemplaires en noir (0.30) et 100 coloriés (1.50), en outre 100 tirages sur papier à lettre pour l'hôtel Uto-Kulm (0.25). L'un des hôtels les plus connus de l'époque, celui du Bad Stachelberg dans le canton de Glaris, utilisait jusqu'à 800 feuilles de papier à lettre par an. Compte tenu de l'ensemble de l'assortiment, l'entreprise a atteint de considérables éditions et les recettes correspondantes. En 1885, non moins de 13 500 impressions en «petit format» furent exécutées, dont 2360 coloriées, ce qui a procuré des recettes atteignant Fr. 10 530.–. Les recettes totales de cette année atteignirent env. Fr. 30 000.–, une somme respectable pour une petite entreprise familiale. Le souci principal était donné par la concurrence de la photographie en forte expansion. Ceci a incité en 1879 J. R. Dikenmann à introduire également des prises de vues photographiques dans son assortiment. Cette décision marque la naissance de la carte postale encore usuelle de nos jours. Dikenmann avait déjà présenté ses gravures sous forme de cartes postales. Maintenant, il passait lui-même dans le camp des photographes. Sa mort, survenue en 1888 mit fin à ce développement. Depuis lors, plus rien de neuf ne fut mis en route. On restait sur la vitesse acquise en procédant uniquement à des tirages de vues de paysages encore fortement demandées.

Le fait que la maison d'édition se soit presque complètement conservée en ce qui concerne l'inventaire provient de ce ralentissement de l'évolution que nous venons de décrire. A côté de la marchandise, les instruments de travail des graveurs et les chevalets de colorieurs nous ont également été conservés intacts. Même les casiers de stockage des gravures terminées sont encore là.

Comme pour les entreprises analogues, les Dikenmann s'occupèrent également du commerce de produits graphiques d'autre provenance. Une grande partie des imprimés munis de leur adresse n'ont pas été tirés sur les propres plaques de l'entreprise. Le vieux Dikenmann avait repris les grands formats de Gabriel Lory fils, les costumes de Franz Hegi. Bon nombre de gravures passèrent dans les ateliers Dikenmann comme apprentis, puis comme collaborateurs, et même après avoir quitté l'entreprise, ils restèrent partiellement actifs pour cette maison d'édition – ainsi, à titre d'exemple *Heinrich Siegfried* (1814—1889) dont le «Sculpsit» se retrouve sur de très nombreuses plaques, en outre les graveurs Johann Hürlimann, Johannes Ruf, Lukas Weber et Heinrich Zollinger. Pour tous ces graveurs, le domaine de travail était la petite vue de paysages des régions et localités touristiques, en premier lieu de la Suisse centrale et du canton des Grisons.

Pour répondre au goût régnant, les gravures devinrent quelque peu mesquines et presque naïves. L'élan artistique et l'individualité leur manquaient dans une large mesure. On recherche en vain l'idéal et l'héroïsme du paysage. La production de la maison Dikenmann ne s'oriente pas sur des aspects artistiques. Elle correspond davantage aux besoins éphémères des consommateurs moyens qui veulent emporter chez eux à titre de souvenir une représentation des lieux qu'ils ont visités, tels qu'ils les ont vus et vécus eux-mêmes. Donc pas des œuvres d'art qu'ils n'auraient guère pu payer.

Parmi les maisons d'édition comparables de l'époque, l'édition Dikenmann a conservé le plus longtemps les anciennes méthodes artisanales. Ses produits marquent la toute dernière étape de la gravure sur cuivre. Le pas vers la photographie n'était plus difficile à franchir et son accomplissement a signifié l'extinction de l'entreprise dans sa forme antérieure. La raison de la popularité actuelle et du prix considérable payé pour les gravures de la maison Dikenmann provient sans doute pour une bonne partie du fait qu'il s'agit du dernier rejeton d'une tradition artisanale séculaire. Dans les exemplaires coloriés où la minutie et la modestie de conception se présentent sous une forme quelque peu estompée, le 19e siècle se dévoile à nous exactement comme le voyaient ses contemporains et comme ils avaient l'habitude de le ressentir. Il s'agit pour nous de documents historiques avec de la nostalgie en sourdine.

Le choix présenté provient des feuilles de l'exigeant format «folio» de l'époque reculée. Il procure une bonne vue synoptique de la production de la maison d'édition dans sa meilleure phase peu après 1850.

Lucas Wüthrich

The fine art publishing house "R. Dikenmann, Painter" and its work

Of the Swiss copperplate engraving publishing houses of the 19th century that of the Dikenmann family in Zurich was one of the most important, especially if one takes into consideration the number of prints they produced. The "little Dikenmanns" were a byword in their time, and they still are among the admirers of topographical graphic prints. It is true that in regard to originality and artistic quality more sophisticated works were created in Zurich at that time in the field of veduta engravings, by the Trachslerschen booksellers and art dealers, by H. F. Leuthold or Heinrich Füssli & Co., for example. But Dikenmann's work, by its substance, intrinsically characterized the pictorial presentation of Switzerland immediately before the triumphant progress of photography.

Rudolf Dikenmann (1793–1883)*, originally from Uesslingen in the canton of Thurgau and living in Zurich from 1801 onwards, learned the trade of a colourist, engraver and publisher with Orell Füssli & Co. in Zurich and with Birmann & Huber in Basle. In 1820, as a newcomer to the Niederdorf, he founded his own art publishing business, which developed rapidly as a result of his exertions and through the work put in by his younger brother *Johann* (1805–1866), who had joined him. By 1833 the founder of the firm was in a position to purchase the "Fir tree" house at Frankengasse 23 (formerly Neustadt 148) and in 1852, together with his brother, the considerably bigger "Palm tree" house at Rindermarkt 14 (formerly No. 353) as well. From then until the death in the year 1972 of the last bearer of the name, the latter was to remain the place of business of the publishing house. The "Palm tree" was situated directly opposite the family home of Gottfried Keller and with its great number of light rooms it provided an ideal setting for a copperplate engraving publishing house producing a vast number of its own works. At the end of 1852, Rudolf Dikenmann with his second wife and his six children were admitted to citizenship of the town and to cantonal citizenship of the canton of Zurich. Four of the children devoted their life entirely to the business.

Johann Caspar (1823–1861), the most gifted of them all, was unfortunately prevented from exploiting his talent on account of illness at an early age.

Johann Rudolf (1832–1888) became responsible for conducting the business, the two daughters *Anna* (born 1819) and *Louise* (born 1840) worked as anonymous but brilliant and untiring colourists. Hundreds of finely sketched and very accurate pencil drawings are recognized as being from the hand of J. R. Dikenmann. He used to take himself off each year on a journey through Switzerland in order to compose the graphic prints which were so sought after. For railway and hotel construction of the period, as well as for the landscapes of Switzerland most favoured by foreigners, they are now of great value.

After the death of the tremendously active head of the publishing house, his widow *Wilhelmine, maiden name Stehli* (1853–1920) carried on the business until their son *Rudolf F. Dikenmann* (1884–1972) became of age, without however adding any new works to the collection. The aquatint style was by then already antiquated; it had been superseded by photography, which found more favour with tourists, whose minds were attuned to the times.

Rudolf F. Dikenmann (1884–1972) nominally carried on the company together with his sister *Wilhelmine* (1887–1973) from 1904 until his old age. He studied philosophy and took Kant as the subject of his doctoral thesis; from that time on he led a life of seclusion at the "Palm tree" as an individual with private means and had the old plates reprinted from time to time in order to satisfy the modest demand that still existed. In November 1965 he donated the remainder of the stock of prints as well as all the plates still in

---

* He had always spelt his name with a *"k"* but only after his being admitted to the citizenship of Zurich in 1852 was his name officially altered from Di*ck*enmann to Di*k*enmann.

existence, together with the engraving instruments, to the Swiss National Museum, which thereby managed to come into possession of some extinct tools of the craftsman's trade. Since then the prints have been available to the public in the graphic collection at the National Museum.

The subjects covered by the Dikenmann publishing house comprised in the main views of Swiss towns and health resorts, as well as of all those places that tourists liked to visit: waterfalls, famous mountains, spas, hotels and mountain railways. Of the original plates totalling about 800, 400 are still available. The engravings were in different sizes: "large" (19 x 38 cm), "folio" (13 x 19 cm) and "small" (7,5 x 11,3 cm). All those reproduced in this volume of pictures relate to the middle "folio" size. In addition, there were panoramas and drawings of costumes. Popular views were also printed on visiting cards and notepaper, as well as being made up into albums and foldout collections of pictures. The presentation varied in accordance with the requirements and the means of clients. The most expensive version was hand-coloured, in which, as a special feature, the foreground was coated with transparent gum arabic in order to enhance the three-dimensional effect. These engravings can, without further ado, be referred to as the preliminary stage of photography, for they set a standard in regard to realism and structural topicality. Newly erected hotels, railways and streets of houses were in each case kept up to date in the plates, the out-of-date plates being discarded and replaced by new ones. Thus, for most of the views, several versions exist, up to five in the case of extensively built-up places; moreover, up to three plates of these exist, from which the change in the style of graphic printing between 1820 and 1870 can be gauged. Right the way through it is a question of aquatint etchings, carried out in accordance with a complicated intaglio printing process which allowed the reproduction of several tone values. The older plates, up to about 1850, are made of copper, the more recent ones of steel-faced iron: the majority are still in an absolutely printable condition.

Nearly every year catalogues showing the available assortment were printed, including details of prices, and sent out to clients: hotelkeepers, travel agencies, booksellers and art dealers. The last catalogue, which appeared in 1887, listed in the main 70 views in the "large size", 134 in the "folio size", 280 in the "small size", as well as 13 panoramas and 87 albums of varying composition. From the books of account concerning the production during the eighties, it is possible to work out the number of copies printed and so to calculate the receipts. Thus, from the engraving "Uto-Kulm 1885" were printed approximately: in the "folio size", 351 black prints (at Fr. 1.–) and 31 coloured (4.–), in the "small size", 200 black (0,30) and 100 coloured (1.50), together with 100 on notepaper for the Uto-Kulm Hotel (0,25). One of the best-known hotels of that time, the Bad Stachelberg in the canton of Glarus, disposed of up to 800 sheets of notepaper per year. Detailed figures were given of the numbers produced over the entire assortment and the corresponding receipts. In 1885 a total of 13 500 prints were prepared in the "small size" (2360 of them coloured), which yielded Fr. 10 530.–. The total annual income amounted to about Fr. 30 000.– in each year, a respectable sum for a small family business. The main worry was the competition from photography, which was making rapid headway. This induced J. R. Dikenmann in 1879 to include landscape photographs as well in the assortment. This was the birth of the postcard still so familiar today. Dikenmann had already put out the engravings in the form of postcards; from that time on he switched over to photography. His death in 1888 interrupted this development. From then on, nothing new was put in hand. His successors lived off what existed and merely carried out new reproductions of the vedutas, which were still in demand.

The fact that the publishing house was able to support itself almost completely from its inventory was due to its image in that field. In addition to the products, the instruments of the copperplate engraver, among them the easels of the colourists, are in good condition. Even the storage-boxes with the reserve stock of prints are still there.

As in comparable businesses, the Dikenmanns also handled graphic printing for other people. By no means all of the prints bearing their address were produced from their own plates. The elder Dikenmann had taken over the large formats from Gabriel Lory Sohn, the national costumes from Franz Hegi. Several copperplate engravers passed through the studio as apprentices and employees and even after leaving they continued a partial activity for the publishing house. This applied in particular to *Heinrich Siegfried* (1814—1889), whose "Sculpsit" is to be found on many plates, and also to the engravers Johann Hürlimann, Johannes Ruff, Lukas Weber and Heinrich Zollinger. The sphere of work for all of them was the small vedutas of the places favoured by the tourist trade, mainly in Central Switzerland and in the canton of Grisons.

In order to suit the general taste, the engravings were rather "fussy" and ingenuous; artistic vivacity and individuality of interpretation are lacking to a large extent and one misses the ideal and the heroic in the landscape. The Dikenmann production was not orientated in accordance with artistic viewpoints; it responded to the ephemeral need of the average tourist customers who wanted to take home as a souvenir a reproduction of the places visited by them which conformed to what they had seen and experienced. Therefore, no works of art, which they would have found it difficult to afford.

Among the comparable fine art publishers of the time, the Dikenmann publishing house adhered the longest to the old handicraft methods. Its products mark the very topmost level of the copperplate engraver's art. The step from that to photography was not only a small one: its execution also brought about the downfall of the business in its traditional form.

The fact that the Dikenmann engravings represent the last offerings of a centuries old craftsman's tradition may well be a reason why they enjoy such popularity today and also fetch handsome sums. In the coloured examples, where the insignificance and the ingenuousness of the creation seems somewhat alleviated, we find ourselves face to face with the 19th century exactly as the people of that time were accustomed to seeing and to experiencing it. For us, they are historic documents with a nostalgic undertone.

This selection has been taken from the older engravings in the exacting folio size: it represents a good cross-section of the production of the publishing house in its best phase shortly after 1850.

Lucas Wüthrich

Vue du Grütli
vers Brounnen et les Mythes, au lac des IV Cantons.

Zurich chez R.Dikenman, peintre Rindermarkt A.º 353

Lucerne
Vue du Schweizerhof & du mont Pilate.

Wäggis
au pied du Righi, lac des iv Cantons.

Zurich chez R Dikenman peintre Rindermarkt 353

Brunnen
au lac des IV Cantons.
Zurich chez R. Dikenmann Peintre Rindermarkt 353

Vue de Schwyz.

Zürich chez R. Dikenmann peintre.

Spanörter · Blackenstock · Ury-Rothstock · Lac des IV Cantons

Dessiné et Gravé par H. Siegfried

Altorf,
route du St. Gotthard.

Zürich chez R. Dikenman Peintre, Rindermarkt 353.

Pont du Diable
route du St. Gotthard.

Zurich chez R. Dikenmann peintre Rindermarkt 358

Churfürsten　　Gonzen　　Alvier　　　　　　　　　　Flascherberg (Luziensteyg)

Dessiné et gravé par R. Dikenman.

Hof-Ragaz.

Zurich chez R. Dikenman, Peintre, Rindermarkt 353.

Dessiné par R. Dikenman.   *Gravé par H. Siegfried.*

Les Bains de Pfaffers
en venant de Ragaz
Zurich chez R. Dikenman, Rue du Rindermarkt, 353.

Härnisch. Scheschstock. Dödi. Schoerhorn. Windgelle. Bristenstock. Uri-Rothstock. Titlis.

Dessiné et gravé par C. Dikenmann.

Zurich
prise de la Weid.

Zurich chez R. Dikenmann peintre Rindermarkt 353

Chûte du Rhin,
près de Schaffhouse.

Vue de Bâle

Zurich chez R.Dikenmann peintre Rindermarkt. N°353.

Meyringen
vers le Dorfbach Alpbach & Mullibach
Canton de Berne.

a Zurich chez H. Dikenmann Peintre

Ruine de Golzwyl.   Rothefluh.

Vue sur le lac de Brientz,
prise sur le Hohbühl, près d'Interlaken.

Zürich chez R. Dikenmann, Peintre.

Jungfrau　　Jungfraublick Souleck　Schwalmern　Abendberg　　　Engel　　　　　　Niesen

Hotels d'Interlaken　P. du Casino　　H. des Alpes H. d. Belvédère H. Suisse　　Cure-Salle　　　　Unterseen

Interlaken.

Dessiné gravé & publié par R. Dikenmann, Peintre à Zurich.

Jungfrau   Breithorn   Blümlisalp Doldenhorn   Niesen   Kopf   Stockhorn

Thoune
Vue générale, prise de l'Eglise
Dessiné, gravé & publié par R. Dikenman Peintre à Zurich

BERNE.
vers la chaîne des montagnes

Pont de Fil de Fer à Fribourg en Suisse
Longueur 905′ Largeur 22′ & Hauteur 175′

Zurich chez Dikenmann, Peintre

Dessiné par Straub. *Gravé par L. Weber.*

Les Bains de Loucche
vers la Gemmi.

Zürich chez P. Dikermann, Peintre.

Vue de Sion.

Montreux
vers le Château de Chillon & la Dent de Midi, au lac de Genève.
Zurich chez R.Dikenmann, peintre Rindermarkt 353

Dessiné gravé et publié par R. Dikenmann Peintre à Zurich. *Schutz gegen Nachbildung*

Genève & le Mont-Blanc.

Mont-Blanc. Dent de Hache. Mont-Aubert. M.d.Provence. M.d Boudry

Vue de Neuchâtel

Zurich chez R.Dikenmann, peintre Rindermarkt.353.

Stiche – gravures – engravings

Umschlag – couverture – jacket:
Lausanne

15 Vue du Grutli (Rütli) vers Brounnen et les Mythes, au lac des IV Cantons
17 Lucerne. Vue du Schweizerhof & du mont Pilate
19 Wäggis au pied du Righi, lac des IV Cantons
21 Brunnen au lac des IV Cantons
23 Vue de Schwyz
25 Altorf, route du St. Gotthard
27 Pont du Diable, route du St. Gotthard
29 Hof Ragaz
31 Les Bains de Pfaeffers en venant de Ragaz
33 Zurich, prise de la Weid
35 Chûte du Rhin, près de Schaffhouse
37 Vue de Bâle
39 Meyringen vers le Dorfbach Alpbach & Mullibach
41 Vue sur le lac de Brientz, prise sur le Hohbuhl, près d'Interlaken
43 Interlaken
45 Thoune. Vue générale, prise de l'Eglise
47 Berne, vers la chaine des montagnes
49 Pont de Fil de Fer à Fribourg en Suisse
51 Les Bains de Louèche (Leukerbad) vers la Gemmi
53 Vue de Sion
55 Montreux vers le Château de Chillon & la Dent de Midi, au lac de Genève
57 Genève & le Mont Blanc
59 Vue de Neuchatel